MW01247870

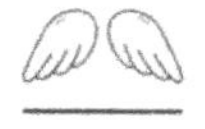

gespräche mit jonas

..machen Mut zum Leben

Ab Werk Schraube locker?

Folgen von Missbrauch

Bibliografische Information
der Deutschen Nationalbibliothek:
Die Deutsche Nationalbibliothek verzeichnet
diese Publikation in der Deutschen Nationalbiblio-
grafie; detaillierte bibliografische Daten sind im
Internet über http://dnb.dnb.de abrufbar.

Herstellung und Verlag: BoD – Books
on Demand, Norderstedt
ISBN: 9783756273966

www.gespräche-mit-jonas.de
Wolfgang Nicolaus
Mail: opanic@web.de
Covergestaltung: Wolfgang Nicolaus
Bildnachweise:
StockSnap - Pixabay
Schäferle – Pixabay
kalhh – Pixabay
kalhh – Pixabay
qimono – Pixabay
Counselling _ Pixabay
Arcaion – Pixabay
Gerald – Pixabay
Jeffjacobs - Pixabay

Inhaltsverzeichnis **Seite**

Hinweis 7

Stell dir einmal vor 9

Das Gespräch mit Jonas
„Was ist geschehen?“ 11

Sich öffnen ist schwer 15

Was wurde mir genommen 18

Das Schattenland 28

Stigmatisiert 36

Die ohnmächtige Wut 39

Ein Himmel gab es für mich nicht 43

Gottvertrauen = Selbstvertrauen? 47

Schau über den Tellerrand 54

Jonas meint 56

Nachtrag von mir 57

Jonas bietet zwei Formeln an 58

Hinweis

Hier werden Gespräche zwischen Jonas und dem Autor wiedergegeben. Die Hinweise, die währenddessen von Jonas kommen, sind von ihm auf meinen individuellen Weg zugeschnitten und aus himmlischer Sicht zu interpretieren. Eine Gültigkeit für jedermann ist daher nicht ableitbar. Es können aber Informationen in das eigene Leben integriert werden, sofern sie nützlich erscheinen.

Die Gespräche mit Jonas weichen auch oft von dem ab, was über Themen wie diese üblicherweise geschrieben wird, weil er eine ganz andere Übersicht hat als Menschen, die aus einem begrenzen Sichtfeld agieren.

Kraft deiner eigenen Entscheidungsfreiheit kannst du dem Dialog mit Jonas unter diesem Aspekt etwas abgewinnen oder nicht. Das bleibt ganz dir überlassen.

Es kommt die Zeit, da wirst du all deine Leiden heiligen, weil sie das aus dir gemacht haben, was du heute bist.

Stell dir einmal vor…

Du hast einen Computer gekauft, grundlegende Softwareprogramme waren schon drauf, andere lädst du aus dem Internet herunter. Hier kannst du dir unter Umständen einen gemeinen Virus von außen einhandeln, der deinen gesamten Arbeitsablauf immer wieder stört. Du kannst es nicht beseitigen, weil es kaum sichtbar ist und im Hintergrund arbeitet. Es sei denn der Computer wird komplett auf Werkseinstellung zurückgesetzt. Ganz einfach also.

Einen Menschen kann man leider nicht zurücksetzen um ein neues, fehlerfreies Programm aufzuspielen.

Missbrauch in der Kindheit führt nach meinen eigenen Erfahrungen in ähnlicher Weise zu *Systemfehlern* (also dem Grundverhalten) eines Menschen. Diesen *Virus* behältst du dein ganzes Leben lang. Man kann zwar lernen damit umzugehen, aber er bleibt.

Damit hatte ich einen recht fiesen, und vehement spürbaren Stempel aufgedrückt bekommen. Sehen kann man das leider nicht. Ich sage leider, weil jemand mit einer sichtbaren Behinderung verständnisvoller damit wahrgenommen wird als ein Mensch, der nach außen hin normal erscheint.

Die Lösung wäre, diesen *Virus* in Quarantäne zu schicken, also zu isolieren. Damit ist er zwar noch da, aber du kannst ihn unter Kontrolle halten.

Zu weit hergeholt? Für mich nicht. Als Gleichnis zum Computer sehe ich da Parallelen.

Wie ich damit umgehen gelernt habe, erfährst du im folgenden Gespräch mit Jonas.

„Was ist geschehen“, fragte Jonas

„Oooch nichts weiter. Nur das ich mit fünf Jahren schon erfahren durfte, was (fehlgeleitete) Sexualität ist.“

„Ich spüre, dass es dich noch sehr bewegt.“

„Klar. Es wird immer da sein. Und ich reagiere deshalb etwas barsch, weil Fragestellende es zwar nicht böse meinen, aber keine blasse Ahnung haben, wovon sie etwas wissen wollen. Schon die Frage an sich ist deshalb verletzend."

„Holla, das ist vorweg schon mal harter Tobak, den du da loslässt. Ich würde gerne wissen, warum du gleich auf Krawall gebürstet bist."

„Nun, in der vergangenen Woche war ich bei einer kleinen, lockeren Gesprächsrunde. Einer der Anwesenden kam auf das Thema Missbrauch. Warum, weiß ich gar nicht mehr. Dummerweise ließ ich mich dazu hinreißen, mitzuteilen, dass ich so etwas selbst erlebt habe."

„Wie war die Reaktion?"

Ich sagte: „Details wollt ihr nicht wirklich wissen."

„Was passierte dann?"

„Alle waren plötzlich stumm. Eine bedrückende Stimmung machte sich breit. Vielleicht war ich zu direkt. Aber das war immer noch besser, als näher darauf einzugehen. Denn davon erzählt man nicht einfach mal so. Es ist viel zu intim und geht ans Eingemachte. An ihrer Reaktion stellte ich fest, dass sie es gar nicht aushalten würden, wenn ich ausführlich davon berichten würde."

„Möchtest du denn mit mir reden?"

„Ja, aber du weißt es doch eigentlich besser als ich, denn du kennst mich auch besser als ich mich selbst, und weißt was in mir vorgeht. Was also soll deine Frage, Jonas?"

„Stimmt. Ich kenne dich sehr gut. Und deshalb möchte ich mit dir an deinen Emotionen arbeiten. Die liegen in deinem tiefsten Inneren begraben. Da kann auch ich nicht hineinschauen. Das ist ein absolutes Tabu. Auch für mich. Deshalb sollen deine Emotionen für mich fühlbar werden, indem du mir davon berichtest. Nur wenn du dich aus eigenem Wunsch ganz öffnest, können wir gemeinsam daran arbeiten. Hast du das verstanden?"

„Habe ich, ja."

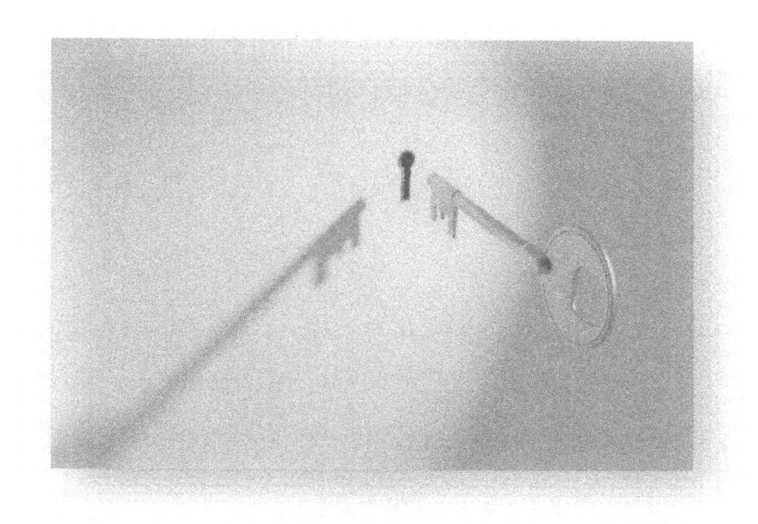

Sich öffnen ist schwer

„Zuerst möchte ich dir sagen, dass dein Beispiel mit dem Computervirus anschaulich auf mich wirkt. Ich weiß, was du damit meinst, und sehe schon lange, dass du dich um eine Lösung bemühst."

„Stimmt. Einfach ist es nicht sich so weit zu öffnen."

„Bei mir kannst du das ohne Sorge tun, das weißt du hoffentlich."

„Ich weiß. Und das gibt mir Zuversicht für eine Lösung, Jonas."

„Lösung ist vielleicht nicht der richtige Ausdruck. Aber eine Möglichkeit, damit viel besser umzugehen, gibt es allemal."

„Wird es möglich sein ein ganz normales Leben zu führen?"

„Was ist denn ein normales Leben?"

„Kann ich auch nicht wirklich sagen, Jonas."

„Siehst du. Vergleiche dich nicht mit anderen Menschen. Das gaukelt dir nur vor, dass ein anderes Leben vielleicht besser ist als dein Leben. Und damit vielleicht auch normaler.

Aber du weißt selbst, dass der Begriff *Normal* sehr unterschiedliche Auslegungen zulässt.

Andere sind nur anders als du. Mehr ist da nicht. Sicher ist, dass auch andere Menschen bestimmt etwas erlebt haben, was sie nicht so einfach jedem mitteilen. Meistens haben auch sie das Gefühl, dass da etwas nicht normal war und daran auch mehr oder weniger zu knabbern haben.

Dass dich dein Verhalten mit diesem *Virus* (ich nenne deinen erlebten Missbrauch auch mal so) stört, glaube ich gerne.

Ich verspreche dir, wir arbeiten gemeinsam so lange daran, bis er weitgehend isoliert bleibt."

Was wurde mir genommen?

Das Selbstvertrauen als Lebensfundament.

Ich war erst fünf und sehr schmächtig. Ein Würstchen, sagte man damals recht schnell. Ein geborenes Opfer für solche Übergrifflichkeiten, sagen Anhänger der Psychologie."

„Glaubst du denen das?"

„Warum nicht. Ich war eben kein kompakter Draufgänger, so wie mein großer Bruder. An ihn hätte sich mein Vater bestimmt nicht herangetraut."

„Also dieses Bild hattest du von dir selbst?"

„Ja, natürlich."

„Ist das heute auch noch so?"

„Nein. Ich bin heute kein Würstchen mehr. Das war ich als Kind, weißt du. Schmächtig und blass waren übrigens viele Kinder in diesen Nachkriegsjahren. Meine Mutter hat mir immer aus Angst, ich würde verhungern, Pepsinwein eingeflößt. Das war ein Stärkungsmittelchen für Kinder. Schmeckte wie verfaulte Birne. Ekelhaft, aber sie achtete akribisch darauf das ich das artig hinunterschluckte."

„Brachte das was?"

„Ja, ihr brachte das teure Zeug ein Loch in der Haushaltskasse."

„Und dir?"

„Missgunst meiner Mutter gegenüber. Ich wollte jedes Mal ausbüchsen, aber sie gab mir das Zeugs täglich mit dem Frühstücksbrot, wenn es morgens überhaupt was zu beißen gab.

Pepsinwein war aber immer da. Das war sicher wie das Amen in der Kirche. Kneifen war also nicht möglich."

„Nun, mein Freund. Ich möchte jetzt mehr von dir wissen. Wie hast du den Missbrauch empfunden? Gab es denn körperliche Auswirkungen?"

„Nein, körperliche Wunden hatte ich nicht davongetragen. Aber etwas Entscheidendes passierte schon beim ersten Mal."

„Was war das?“

„Das Urvertrauen war sofort flöten.“

„Was machte das mit dir?“

„Erst einmal nichts. Es ist schleichend und tritt bei bestimmten Situationen auf den Plan.“

„Was meinst du genau damit?“

„Immer wenn es darauf ankam auf Vorschuss Vertrauen zu schenken, hatte ich innerlich Bedenken. Warum, war mir nicht klar. Das steigerte sich bis zur totalen Unfähigkeit jemanden auch nur ansatzweise zu vertrauen. Ich rechnete immer von vornherein damit, dass Arglist im Spiel ist. Aber mit ständigem Misstrauen kommst du schwerlich durchs Leben, Jonas. Das war mir schon sehr bewusst, und verursachte ein diffuses Unbehagen in mir.“

„Siehst du das erst heute so klar?“

„Ja. Als Kind wusste ich noch gar nicht, was das für Folgen für mein Leben haben würde. Ich traute niemanden über den Weg. Als Kind schon, das musst du dir mal vorstellen. Und wenn du kein Vertrauen entwickeln kannst, weil in dir da eine Blockade ist, baut sich auch kein richtiges, oder nur brüchiges, Lebensfundament auf. Das hat viele Nebenwirkungen."

„Kannst du mir welche beschreiben?"

„Nun, zum Beispiel die erste Liebe. Sie sollte ja eigentlich unbeschwert beginnen. Doch schon beim ersten Verliebtsein begann sich in mir etwas aufzubäumen. Ich traute ihr von Anbeginn nicht. Dachte immer, sie wird sich einen anderen suchen.

Das hängt glasklar mit fehlendem Selbstbewusstsein zusammen, welches nach einem Missbrauch in sich zusammenbricht, verstehst du?"

„Blieb das immer so?"

„Was meinst du? Das Misstrauen oder das fehlende Selbstbewusstsein?“

„Beides.“

„Also zuerst zum Misstrauen. Das ist teilweise heute noch so. Aber es ist schon mehr in ein relativ gesundes Misstrauen übergegangen.“

„Und was kannst du zum Selbstbewusstsein sagen?“

„Es hat sehr lange gebraucht, bis ich das aufbauen konnte.“

„Haben dich die Menschen, mit denen du über die Liebe verbunden warst, immer enttäuscht?“

„Ja, das haben sie. Ich dachte das jedenfalls.“

„War das deiner jetzigen Meinung nach so etwas wie eine, sich ständig selbsterfüllende, Prophezeiung?“

„Glaube ich weniger, aber letztlich kann ich das nicht sagen. Möglicherweise ist da was dran. Jedenfalls war ich bestimmt nicht einfach in meinen Beziehungen.“

„Warum meinst du das?“

„Es klingt vielleicht komisch, aber heute habe ich das Gefühl, das ich denen wehtat, die ich liebte. Ohne es zu wollen.“

„Erkläre das bitte näher.“

„Na ja, aus den Erlebnissen mit meinem Vater heraus habe ich meine innere Verzweiflung wohl an ihnen ausgelassen, was ich heute sehr bedauere. Und das war dann sicherlich auch ausschlaggebend, dass sie sich wieder von mir entfernten.“

„War da deinerseits Gewalt im Spiel?"

„Verbal bestimmt. Körperliche Gewalt übte ich nicht aus. Ich war halt oft launisch, aggressiv, ungehalten, ungerecht und wirkte bestimmt auch manchmal bedrohlich."

„Es richtete sich also vordergründig gegen deine Partnerin?"

„Irgendwie stellvertretend, ja. Aber im Grunde gegen mich selbst und gegen meinen Vater."

„Hattest du ein Lebensziel, einen Wunsch, was du mit deinem Leben anfangen wolltest?"

„Nein, erst einmal nicht. Ich reagierte eher mehr auf das, was auf mich zukam. Meistens war ich planlos. Zielgerichtet wurde mein Leben erst, als ich so etwa zwanzig war."

„Änderte sich ab da dein Leben?“

„Noch nicht wirklich. Irgendwie spürte ich dauernd, dass etwas nicht rund lief. Das, was ich zum Beispiel beruflich tat, war nicht das, was ich eigentlich wollte.“

„Was wolltest du denn?“

„Etwas Sinnvolles tun. Nur um Geld zu verdienen, war nicht so meine Intension. Das füllte mich auf Dauer nicht aus. Aber ich wusste ja nicht, was das sein könnte. Grundsätzlich fand ich es gut, anderen zu helfen. Das tat ich auch, aber im Übermaß. Und das so sehr, dass es meiner Ehe sehr geschadet hat.“

„Erzähl mir mehr darüber.“

„Zum Beispiel baute ich bei Freunden schnell, gründlich und fachgerecht Wände und all sowas ein. War ja, sozusagen, meine Profession.“

„Also alles gut, oder?“

„Nicht die Bohne. Ich fand woanders keine gesunden Grenzen, und zuhause maulte ich, wenn einmal etwas zu reparieren war. Meine Partnerin war darüber nicht glücklich. Heute würde ich das genau umgekehrt machen. Aber ich sah es einfach nicht.“

Mein Inneres war zerrissen und ziellos. Ich wusste tief in mir drin, dass ich erst einmal das Schattenland loswerden muss. Doch wie sollte ich das anstellen?“

Das Schattenland

Es war eine Lösung. Aber es sperrte mich auch ein.

„Ich sah meinen Weg lange nur darin, mich in eine Art anderes Ich zu flüchten."

„Und das lebte im Schattenland?"

„Ja, ein selbstgebautes Gefängnis, eine Scheinwelt, in der ich mich wohl fühlte. Doch mehr als ein Versteckspiel mit dem Leben *da draußen* war das nicht.

Es half mit bestimmten, dem Missbrauch ähnelnden, Situationen umzugehen."

„Gelang es dir damit auch?"

„Vordergründig ja. Im Inneren sah das meist anders aus. Da brodelte es heftig weiter und die ohnmächtige Wut blieb. Und die durfte ich auf keinen Fall herauslassen. Das war mir sehr bewusst."

„Hätte das gefährlich werden können?"

„Für andere weniger. Doch garantieren konnte ich das nicht. Aber für mich selbst war das immer gefährlich."

„Was hätte geschehen können?"

„Es gab viele Tage, da hätte ich mich am liebsten umgebracht. Das meine ich damit. Jonas, so sollte man nicht leben müssen."

„Wie muss ich mir dein Schattenland im Einzelnen vorstellen?"

„Jeder kennt die Tagträumerei. Genauso lief es ab."

„Wann träumtest du?"

„Immer dann, wenn eine bestimmte Situation auftrat, die einem Missbrauch ähnlich war. Natürlich war das nicht genau so wie es mit meinem Vater ablief. Aber es triggerte wieder das alte Erleben an. Das Schattenland war für mich dann Flucht in meine Schutzzone. Dort war ich sicher. Nicht lange, aber immerhin."

„Fühltest du dich damit besser?“

„Wie gesagt, kurzfristig schon. Mit der Realität hatte das natürlich gar nichts zu tun, so dass meine Reaktionen für andere oft komisch und merkwürdig wirkten. Auch hier wurde ich in der Folge eher gemieden.“

„Das tat dir gar nicht gut, oder?“

„Nein. Das tat nur weh. Es war ein unseliger Kreislauf, den ich nicht als Solchen wahrnahm.“

„Was war noch?“

„Dadurch wirkte ich natürlich als Träumer. So kam ich mehr und mehr in eine Isolation. Ich fühlte mich allein und unverstanden. Wo Freunde in der Truppe unterwegs waren, blieb ich oft zuhause. Da konnte ich träumen, ohne dass es jemand merkte. Es war eben ein Schutzraum, den ich immer wieder aufsuchte. Das Schattenland begleitete mich schon vom ersten Tage des Missbrauches an, weißt du…

Auslöser dazu war auch oft ein immer wiederkehrender, innerer Widerspruch, den mir mein Vater einimpfte, kurz nach dem er mich missbrauchte."

„Welcher Widerspruch? Was meinst du?"

„Mein Alter sprach gerne dem Alkohol zu. Wenn er betrunken war, wurde er auch übergriffig. Danach musste ich mich oft neben ihn setzen. Er kam mir so dicht auf die Pelle, dass in mir Ekelgefühle hochkamen."

„Konntest du nicht flüchten?"

„Nein. Er saß immer der Tür näher als ich. Ich hätte an ihm vorbei müssen. Das hat er sehr barsch verhindert, als ich es einmal versuchte."

„Wie ging es dir damit?"

„Unbändige Wut war die Folge. Wie ein Dampfdruckkessel, der kurz vor der Explosion steht."

„Und er machte weiter, oder?"

„Ja klar. Er hatte mich im Griff. Ich war eingeschüchtert, wehrlos und wütend zugleich."

„Ich verstehe deinen inneren Hass gegen ihn."

„Zudem sollte ich immer Vati zu ihm sagen! Und immer schön ehrlich sein im Leben. Dieses Arschloch mit seiner falschen Moral. Mir flötete er Ehrlichkeit ein, ich war aber Zeuge eines völlig anderen Verhaltens. Und das vom eigenen Vater. Von einem Menschen, den du als Kind eigentlich lieben möchtest."

„War denn kein Ausweg in Sicht?"

„Meine Mutter trank auch recht viel. Das war damals leider weit verbreitet. Sie war recht kräftig, Vater nicht. So hat sie oft gesagt: *„Lass den Jungen in Ruhe!“* Und wenn er das nicht tat, hat er sich von ihr eine richtige Schelle eingefangen.“

„Da konntest du dann flüchten, oder?“

„Ja. Er gab sofort Ruhe und ließ mich gehen. Innerlich hat mich das sehr gefreut, weißt du.“

„Wie ging es weiter?“

„Aufgehört hat er aber nicht. Er wagte es jedoch nur, wenn er sich Mut angesoffen hatte.“

„Konntest du deine Mutter nicht hinzurufen, wenn das geschah?“

„Wie denn. Er tat es nur, wenn sie nicht zuhause war. Mir stockte sowieso eher der Atem.

Auch lange danach brachte ich kein Wort heraus, wenn er mich in die Zange nahm. Auch später, wenn Mutter dann da war, sagte ich nichts.

Und den 'Virus' in mir, von dem ich eingangs sprach, hätte das ohnehin nicht mehr beseitigt. Der hatte sich schon zu tief eingenistet. So fühlte ich das jedenfalls.“

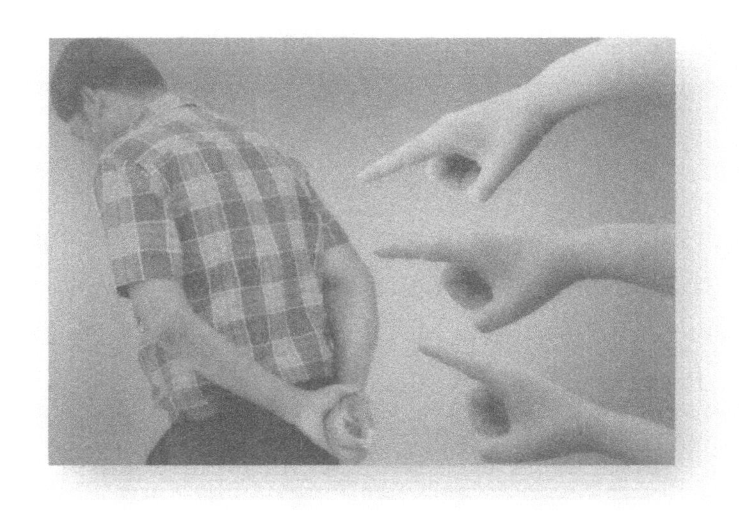

Stigmatisiert

Du bist anders. Und alle lassen dich das spüren.

„Kinder können gnadenlos sein. Natürlich waren sich meine Freunde nicht bewusst darüber, was sie taten, wenn sie mich hänselten. Das rief für mich unmittelbar ein überzogenes Ringen nach Anerkennung auf den Plan. Ein Teufelskreis. Und um diesen selbst zu entdecken, brauchst du schon ein halbes Leben, Jonas."

„Hattest du als Kind versucht jemanden davon zu erzählen?"

„Wo denkst du hin. Eine Unmöglichkeit. Heute wäre das schon anders, aber damals...Sie hätten Steine nach mir geworfen. Deshalb hielt meine gute Laune immer nicht lange durch."

„Wie haben sie dann auf die vermeintlich schlechte Laune reagiert?"

„Wie reagiert man darauf? Sie guckten mich nicht mehr mit dem Arsch an."

„Einmal erzählte ich das meiner Tante, weißt du."

„Was hat sie gesagt?"

„Ja stimmt das denn auch? Weißt du, was du da sagst? Warum erzählst du so einen Blödsinn? Denkst du dir vielleicht nur was aus? Danach redete ich nie mehr von meinen inneren Nöten."

„In der Schule war ich der Klassenclown. Das gab viel Aufmerksamkeit und man mochte mich damit mehr als sonst. Aber das war nur Oberfläche.

Mir war nicht bewusst, dass sie mich eigentlich mehr auslachten. In mir drin änderte das nichts, außer, dass ich mich noch einsamer fühlte, denn nach dem Herumalbern waren die anderen ja wieder weg.

„War das die Anerkennung, die du wolltest?"

„Nein, es war eine brüchige Krücke, mehr nicht. Und das führte mich wieder zurück ins Schattenland. Da war ich wenigstens sicher."

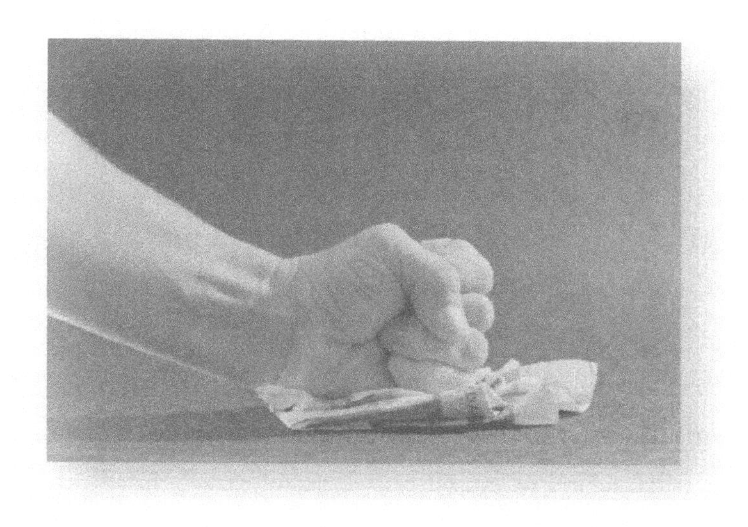

Die ohnmächtige Wut

Die Wut kommt nur nicht heraus, weil die Ohnmacht größer ist.

Es gibt zwei Wege. Der Hass baut sich weiter auf, und du zerstörst andere und dann letztlich dich selbst. Oder du stellst dich ihm und arbeitest ihn ab.

Der erste Weg ist der üblere Weg für andere. Der zweite Weg ist ein Gang durch die eigene Hölle.

Ich wollte mein Leben grundlegend ändern und etwas tun was mich ausfüllt, Spaß macht, gutes Geld bringt und sinnvoll ist.

So wurde ich Berufshubschrauberpilot. Meine damalige Frau war davon gar nicht begeistert, duldete das aber letztendlich, weil wir lange darüber redeten. Ich dachte, dass ich sie überzeugt hatte. Doch das war ein Trugschluss. Eigentlich schlug ich sie nur breit.

„Ein wirklicher Einschnitt in deinem Leben.“

„Das ist richtig. Einfach war diese Ausbildung auf keinen Fall und wir waren beide weit über ein Jahr getrennt.“

„Hattest du bestanden?“

„Mit sehr gut sogar. Endlich die Pappe in der Tasche! So kam ich drei Tage früher zurück. Was ich dann dort sah, verschlug mir die Sprache und brach auf einem Schlag meinen Lebenswillen."

„Was war so dramatisch?"

„Mehr will ich dazu nicht sagen. Bitte habe Verständnis dafür, Jonas.

Ich stieg nach diesem „Ereignis" in mein Auto und leitete auf einem Waldparkplatz die Abgase ins Wageninnere. Aber der wirkliche Auslöser war nicht der Schock aus dem gerade erlebten Ereignis, sondern eine, noch nie so tief wahrgenommene, innere Kälte in mir.

Schon in diesem Augenblick spürte ich, dass hier ein Fass zum Überlaufen kam. Es hätte auch jedes andere, ähnlich dramatische Erleben sein können. In mir wütete schon lange ein Schwelbrand durch den Missbrauch in meiner Kindheit.

Ja, es gab viele Anzeichen die Fachleute hätten deuten können. Aber, wie gesagt, damals kam der Deckmantel des Schweigens drüber. Damit nahm das Unglück seinen Lauf.

Diese, in einem einzigen Augenblick aufpoppende Klarheit erschreckte mich derart, dass ich nur noch den Tod als Ausweg sah, sonst hätte ich ein Blutbad angerichtet.

Ich stieg also in mein Auto und leitete die Abgase ins Innere. Dabei fühlte ich keinen Schmerz. In der Folge hatte ich das Nahtoderlebnis, und wie du weißt, traf ich dabei ja auch auf dich. Du zeigtest mir die Bühne des Lebens, wie ich es heute bezeichne."

„Ich weiß."

Einen Himmel gab es für mich nicht

Ich musste erst dem Tod ins Auge blicken, um mit Glauben etwas anfangen zu können.

„Auf der Intensivstation lag ich fünf Tage. Wir waren zu viert im Raum."

„Wie fühltest du dich dort?"

„Wie kann man sich in einer solchen Situation fühlen...Es war der absolute Tiefpunkt, wenn ich das mal so sagen darf.

Die mehrmalige Reanimation noch am Auto war kein Zuckerschlecken, weißt du. Es ist, als wenn man dir mit einer Keule auf den Körper schlägt. Meine Brust schmerzte immer noch. Aber das war nebensächlich."

„Was war denn wichtiger?"

„Mir schräg gegenüber lag ein etwa dreißigjähriger Mann. Warum er hier war, wusste ich nicht. Auf einmal bekam er einen sogenannten Blutsturz. Er kotzte regelrecht sein ganzes Blut aus. Alles war voller Blut um sein Bett herum. Ich war entsetzt und konnte nicht das Geringste tun. Die Schwestern brachten ihn schnell aus dem Raum.

Unfähig eines normalen Gedankens schämte ich mich entsetzlich, denn er wollte sicherlich leben. Ich hingegen wollte mein Leben wegwerfen. Vor Scham wollte ich am liebsten im Boden versinken. Depressionen waren die Folge. Nicht nur deshalb, aber das hatte schon seinen Anteil. Es war so intensiv, dass ich Tageslicht nicht mehr ertragen konnte.

Eine Therapie folgte, die allerdings nicht viel brachte. Ich brach ab.

Dann begann ich Psychologie zu studieren. Der Grund war eigentlich, dass ich mehr über mich, und Hintergründe menschlichen Verhaltens wissen wollte. Antworten fand ich allerdings auch hier nicht. Also wieder Abbruch. Bis zum psychologisch-technischen Assistenten (mit Abschluss) habe ich es noch gebracht.

Wider aller Erwartungen erholte ich mich. Nicht zuletzt, weil ich noch Menschen um mich hatte, die mich unterstützten, wo sie nur konnten. Damit gab es erstmals Gelegenheit wieder etwas Vertrauen aufbauen zu können. Ein, bis dahin unbekanntes, gutes Gefühl. Ruhe war nun mein bester Begleiter. Ich konnte viel nachdenken, auch um meine Einstellung zum Himmel zu überdenken."

„Was hat dich dazu bewogen?"

„Vielleicht der Beginn von Einsicht. Schließlich habe ich dem Himmel mein Leben zu verdanken. Denn er war es, der mir die Retter schickte."

Gottvertrauen = Selbstvertrauen?

Stabil bauen ist nur auf einem festen Fundament möglich. Gottvertrauen ist ein Solches.

Gesundes Selbstvertrauen lässt wenig Raum für ständige Erwartungshaltung. Selbstvertrauen ist ein Macher. Fehlendes nicht. Das sucht eher nach Gelegenheiten zu Vorwürfen und Erwartungen.

Und diese entfachen immer wieder Enttäuschungen. Ein anstrengender, niedermachender Kreislauf.

„Ist das deine Erfahrung?“

„Ja. Und es bindet dich nur in dich selbst. So, als wenn du in einer Flasche steckst, und das Etikett außen nicht lesen kannst.“

„Wie könntest du es denn lesen?“

„Du erwartest, dass andere es dir vorlesen! Besser wäre es, du krabbelst aus der Flasche heraus und liest es selbst. Nur so kannst du wirklich etwas verinnerlichen. Vorher ist es nur ein zur Kenntnis nehmen. Es dauert lange bis du begreifst, dass du deinen Hintern selbst bewegen musst.“

„Ein großer Unterschied.“

„Genau. Bleibst du in der Flasche, wirkt auch eine Therapie nicht, denn auch sie kann nur etwas ausrichten, wenn du selbst aktiv wirst.“

„War es auch bei dir so, bevor du die Therapie abgebrochen hast?“

„Das ist absolut richtig. Heute kann ich das sehen. Damals war ich weit weg von dieser Einsicht.“

„Überlege einmal, warum du mit dem Himmel so gut gefahren bist.“

„Ich denke, weil er mir die richtige Reihenfolge vermittelt hat. Also Einsicht gefolgt vom Tun.“

„So in etwa.“

„Zum Gottvertrauen war es aber noch ein ganz anderes Kaliber, Jonas. Und dieser Weg war viel steiniger als ich jemals dachte. Vertrauen zu Menschen aufbauen war ja schon ein großer Schritt. Und jetzt noch Gottvertrauen hinzugewinnen?“

„Ich weiß um deine vielen Zweifel in dieser Sache.“

„Diese kamen auch daher, weil ich erst dachte, Gott lässt meine Leiden ja zu."

„Dennoch hat er dich (nicht nur einmal) vor dem Tod bewahrt. Gibt dir das nicht zu denken?"

„Ja klar. Das bot meinen Zweifeln auch Paroli. So kam es zu Zweifel an den Zweifeln. Das haut erst mal so richtig rein, sag ich dir."

„Ich sehe aber auch, dass du intensiv in die Richtung tiefer Einsicht gehst."

„Ja, aber welche Einsicht meinst du? Was sollte ich denn einsehen? Dass ich ein Leben in Unordnung geführt habe? Und dass es nicht von mir aus so kam, sondern mir „aufs Auge" gedrückt wurde? Am Missbrauch hatte ich keine Schuld, obwohl ich mich mit Schuldgefühlen herumgeplagt habe. Das willst du nicht wirklich sagen, oder?"

„Nein, ich meine nicht deinen schwierigen Weg. Ich meine die Einsicht, dass Gott real ist. Das hattest du doch vorher vehement verneint."

„Auch das war nicht meine Schuld, Jonas. Ich weiß gerade nicht, wohin du denkst."

„Das eine hat mit dem anderen nicht viel zu tun. Es hat aber dennoch deine ablehnende Haltung dem Himmel gegenüber verstärkt."

„Jonas, ich kann dir nicht beipflichten. Ich war erst fünf. Da hatte ich noch keine eigene Meinung zum Thema Gott."

„Gut, dann will ich es dir erklären. Du hast selbst einmal geschrieben: Leben muss schwierig sein."

„Stimmt."

„Wie bist du eigentlich auf diesen Gedanken gekommen?“

„Weil ich eben ein schwieriges Leben hatte, und weil ich trotzdem daran gewachsen bin.“

„Und da kommt dir nun keine Idee?“

„Wie meinst du?“

„Du lernst also durch Schwierigkeiten erst richtig.“

„Ja klar. Wenn es nur gut geht, hat Bequemlichkeit die Oberhand.“

„Ah, du kommst dem nahe, wohin ich will.“

„Sag schon, Jonas, spann mich nicht so auf die Folter.“

„Gut. Setz dich hin und höre mir jetzt aufmerksam zu. Und sabble nicht dauernd dazwischen…

Schon in der Bibel steht geschrieben: **Es kommt die Zeit, da wirst du all deine Leiden heiligen, weil sie das aus dir gemacht haben, was du heute bist.“**

„Harter Tobak, aber es stimmt wohl.“

„Also ist die weitverbreitete Meinung der Menschen - wir sind doch hier, damit wir unser Glück versuchen, nicht ganz treffend. Was meinst du?“

„Ja. Ich sehe das jetzt auch so.“

„Aus der Übersicht, die dir mit dem Einblick in die Bühne des Lebens gegeben wurde, hast du einen fundamentalen Grundstein zum Verstehen übergeordneter Prinzipien. Nutze diesen Vorteil gut.“

Schau damit über den Tellerrand

..denn gedankliche Enge produzierst du selbst.

„Dein Weg heißt jetzt: Komm aus deiner Flasche (deinem inneren Gefängnis) heraus.

„Und dann?“

„Erst, wenn du ganz draußen und gefestigt bist, gehen wir den nächsten Schritt. Aber erst danach.“

„Warum nicht gleich?“

„Es geht dann um das Verzeihen. Um das zu schaffen, musst du innerlich schon gehörig gefestigt sein, und mit einer erweiterten Einsicht umgehen können.“

„Ist das so schwer?“

„Es wird deine Grundfesten erneut erschüttern.“

„Wann gehen wir das also an?“

„Ich wiederhole mich: Wenn du innerlich wirklich gefestigt bist.“

Jonas meint

„Der Vergleich mit dem Computer eingangs ist nur bedingt richtig. Der Computer war bei Kauf sauber, so wie du es bei deiner Geburt auch warst. Der Schaden wurde erst später angerichtet. Also *ab Werk* ist nicht ganz korrekt.

Bedenke, was geschehen ist, kannst du nicht mehr ändern. Es ist Geschichte. So schicke das, was du erlebt hast, auch dorthin. Sei gewiss, dein Inneres ist über viel Leid dennoch gewachsen.

Die Zukunft hast du selbst in der Hand. Bei der Gestaltung werde ich dich begleiten. Und glaube mir, sie wird anders sein, als du dir vorgestellt hast.

So bleibe in Geduld und Freude auf das, was kommen wird."

Nachtrag von mir

Eingangs beschrieb ich einen Virus, der mir eingepflanzt wurde. Das veranschaulichte mir besser, was überhaupt in mir los war. Ein erster Schritt, um Erkennen möglich zu machen.

Zum Glück habe ich eine besondere Verbindung zum Himmel. Das befreit mich aber nicht davon, den Hintern selbst zu bewegen. Inspirative Unterstützung vom Himmel kommt nur, wenn ich für mich Schritte gemacht habe. Und das dauert. Meine Ungeduld blockiert mich da schon des Öfteren.

Selbstmitleid brachte nichts, außer mehr Fragen in mir. Doch auch das musste erst einmal durchlebt werden.

Erkenntnisse macht man nicht dadurch, dass jemand darüber etwas vorliest, sondern durch eigenes Durchleben. Mit allem Schmerz, der dazugehört.

Jonas bietet nun zwei Formeln an

Erstens:
Jammern entlastet nur kurzfristig. Es hilft nicht weiter, und andere meiden dich.

Zweitens:
Sofern eine missbrauchsähnliche Situation auftaucht, sagst du zu dir selbst: ***Darüber schlafe ich erst einmal…***

So isolierst du deinen *Virus.* Das gibt Raum zum Überlegen.

Und das mag dieser Virus überhaupt nicht…

Wenn du damit kein gutes Ergebnis erzielst, dann weiß ich auch nicht…

CPSIA information can be obtained
at www.ICGtesting.com
Printed in the USA
BVHW051548090822
644144BV00007B/399

9 783756 273966